붉은 발자국

붉은 발자국

유재호 시집

詩와에세이

2013

차례__

제1부

제2부

제3부

제4부

제1부

바람

진달래꽃을 스치면 진달래꽃이 되고
후박나무잎을 만나면 후박나무잎이 된다
사막 언덕을 넘을 때면 거대한 모래산이 되고
드넓은 바다를 건널 때면 거친 파도가 된다

보이지 않아도 가장 먼저 자신을 알리고
허공을 날 때면 없는 듯 있다

검고 긴 머리칼을 만나면 여인이 되고
단단한 이마를 스치면 남자가 된다
무엇을 만나면 그 무엇이 되고
그 어디를 스치면 그 어디가 되는 바람

바람은
내 안에 스미어
또 다른 나를 만든다

겨울 서시(序詩)

바닷가며 들녘 끝
고목나무 우듬지
새들
다 떠나고
둥지만 홀로 남아

얼음물 뚝뚝 듣는
청(靑)하늘
그 냉기도 담아낸다

아버지의 새벽

우물에 잠겼던 지친 별 어둠 속으로 사라진다

이른 새벽 마른기침 소리가 마루 밑에 웅크린 어둠을 몰아낸다 녹슨 청동빛 시간들을 지탱해주던 희망과 절망을 지고 드나들었던 낡은 대문으로 조각난 아스피린 같은 새벽 달빛이 하얗게 내려왔다 누에처럼 실을 뽑아내던 밤벌레 울음을 풀숲에 내려놓는 시간 젖은 꿈을 지게에 지고 새벽 들길 나서는

아버지,
실루엣 한 장
미명 속을 걸어간다

어머니와 매화나무

한때
붉고 흰
꽃잎을 매달았을
어깨 굽은 매화나무
바람을 맞고 섰다

마른 잎 몇 잎만 달고
회억(回憶)의 길
걷고 있다

얼마나 많은 길을
바람에게 내주었나
매화나무 등걸에 기댄
허리 굽은 어머니

늦가을 엷은 빛살에
젖은 생애
말리신다

아버지

달빛도 지쳐 조는
어두운 골목길을
머리가 희끗희끗한
한 사내가 걷고 있다

이승의
외로운 영혼을
달빛에 씻고 있다

이제 많이 울었구나
목이 쉰 귀뚜리소리
세상의 무거운 짐
모두 놓고 떠나가듯

질기게
매달렸던 마른 잎
투신하듯 떨어진다

할미꽃

햇살도 비켜 앉는
산기슭 묵묘(默墓) 하나
솔잎 떨어지고 무심한 바람 넘나든다
곰삭은
세월의 더께인가
가랑잎에 덮여있다

맵차게 내치던 네 눈빛 잊었는데
할미꽃,
고개 숙인
또 한 송이 할미꽃

검붉게 토해대는 죄
굽은 등이 처연하다

늦가을비

늦가을 찬비가 내립니다
첫눈이 오려나 했습니다
첫사랑 같은, 첫 마음 같은
함박눈이 오려나 했습니다
도로가로 혹은 담 모퉁이
아무렇게나 쓰러져 누운 젖은 나뭇잎들
바람이 거세게 불던 날
분노한 군중처럼 이리저리 몰려다니더니
그곳에 실업의 아픔도 함께
누워있었습니다
늦가을비 내리는 늦은 오후
시골집 노부부처럼
외롭고 적막한 어둠을 안고
함께 누워있었습니다
누구를 도울 수 없는
내 가난한 마음도
여리디여린 내 사랑도
오래도록 함께 누워있었습니다

찔레꽃

길을 걷다가
시골집이 보이는 둔덕길을 걷다가
한 무리 꽃을 만난다
아카시아 꽃그늘
그 아래 무리지어 흐드러진
찔레꽃
햇살 눈부신 오월 어느 날
새하얀 교복을 다려 입은
열여섯 그 아이
접은 편지 한 장 건네주고
붉은 볼을 감추며 달아나던
찔레꽃 향이 흐르는 기억 속의 둔덕길이
아지랑이처럼 아물거린다
사는 동안 그 아이
다시 만날 수 있을까 하는 생각에 젖는데
옆에 선 열여섯 딸애의
씨익 웃는 하얀 이 사이로
반짝

봄별 한 장이 미끄러진다

어린 풀잎

지난밤
몹시도 몰아치던 비바람에
어린 풀잎들
온밤 내 떨며 울었습니다

비 갠 아침
영롱한 눈빛
부드러운 햇살의 손길 받으며

뿌리 한층
깊어지겠습니다
허리 더욱
자라지겠습니다

봉화 가는 길

산 안에 산이 있고 산 밖에 산이 있다
숲 안에 숲이 있고 숲 밖에 숲이 있다
폐광촌 빈 사옥마다
햇살 한 줌 찍혀있다

꽃뱀 같은 길옆으로 물 따라 흐르는 구름
재 너머 재가 있고 골 지나도 골 안이다
바람이 머물다 간 자리
야생화로 피어있다

잘려진 나무

톱날에 쓰러지는 따다닥 비명소리
나무를 자른다 오래된 시간을
그렇게 또, 우주 하나가
무너지고 있었다

어둡게 누운 세월로 바람이 떨고 섰다
저 깊은 지심(地心)을 힘차게 끌어올렸을
허옇게
드러난 속살
그 행간을 따라 돈다

바람을 거스르듯 먼 과거로 돌아들면
늙고 굽은 나무 파란 많던 인생산가
나이테,
이는 파문들
내 길에도 있었다

숲이 어두운 까닭

숲이 먼저 어두워지는 까닭은
어둠을 빨리 거두어 가기 때문이다
나뭇잎 사이로 떨어진 햇살이며 맑은 물
둥지에서 키워낸 산새, 흐드러지게 핀 꽃잎들
바람 한 줄기마저 저
너른 세상에 보내고 싶을 뿐
숲은
어두운 것을 먼저 끌어안는다

숲이 오래도록 어두워 있는 까닭은
어둠을 오래오래 붙들기 때문이다
새벽 강보다 더 오래도록
어둠을 붙들고
서로의 몸을 부대끼며
수많은 잎들을 흔들어 깨울 뿐
어둠을 털어낸 들판을 향해
한 톨의 씨앗 같은
어린 새를 날려보낸다

불은

불은 뜨겁다
아니,
멀리 있어도 가까이 다가오는
불은 따스하다

따스하다
아니, 불은 뜨겁다
독사처럼 붉은 혀로
허공을 홈쳐대는 저 불꽃은

뜨겁게 타서 죽고
죽어도 다시 사는
살아가는 모든 곳에 따스함을

불은 따스하다 아니,
불은 뜨겁다

외딴방 홀몸노인

떨어져 시든 목련꽃잎처럼
그대
검푸르게 누워있다

이승도 아닌
저승도 아닌
손바닥만한 햇볕마저도 찾지 않는
여기는

절 · 해 · 고 · 도

가을날 오후

해질녘
크신 노을

늙어 저렇듯 아름다운 빛을 발하는
사람

꽃보다
고우신 산천

마지막 끝날까지 세상을 밝히는
사람들

겨울 산사

비움,
그 다음에야
채워지며 내리는 눈

슬몃,
비슬산을 오르는
겨울새처럼

산사를 찾는다
사람과 사람에 지친
겨울바람 안은 사람들

공존

바람
한 줄기
풀잎을 흔들 때면

미루나무 무성한 잎
손사래 손사래질

실개울
물 흙살 속엔
치어들의 몸부림

단풍계곡

이제, 때가 되었다
온 천지는
그대
울림

무성한 푸나뭇잎
고운 깃을 여미고서

마침내 외진 골짝으로
낮게
낮게
엎드림을

가을 바다 산책

바다 먼 수평선에 흰 그림자 걸어온다
내가 걸어온 길 저만치 아득한데
무시로 발치에 다가와 흐느끼는 저 물살

바다에 드러누워 여위어가는 물빛 산빛
잔물결 가르고 가는 목선(木船) 두엇 숨이 찬데
바다새 원을 그리며 묵은 햇살 쪼고 있다

질겨라 정말 질겨라 해송(海松)에 걸린 바람
몸을 뒤척이듯 파도가 일렁대는 날
돌섬은 잃은 꿈 찾아 가을 바다로 내려선다

내 거울

파도치고 바람 거세던
내 거울

무서리
내리다가
된서리로 내리네요

입김을
호호 불며 닦아봅니다

내 마음을
안아봅니다

제2부

새잎

희망이 없었던들
버틸 수 있었을까

겨우내 온 지체(肢體)를
수도 없이 흔드는 바람

이제는 말하렵니다
여린 게 정말
강했음을

꽃병 이야기

한 다발 꽃을 물고
화안히 밝히고 선

공간 그 어두운 구석
꽃병 하나 만난다

죽어간
아름다운 꽃들
눈물 속에 만난다

겨울날

산등을 자르는 듯 칼날 같은 바람 끝에
시간을 잠재우는 골짝에 누운 눈발
이 밤도
겨울 강 여울을 건너는
벌거벗은 무리여

대웅전에서

부처님, 아셨을까
무릎 꿇은 저
묵언

질기게 달라붙는
야윈 그림자 일렁인다

불전함
구겨진 지폐 한 장
허리 휜 세월을 넣는다

꽃샘바람

가난한 마음 자락
빈 가지에 펄럭인다
참도 거짓도 아닌 용기도 비굴도 아닌

벗어라
헛껍데기 벗어라
바람이 자꾸 볼을 치네

김씨의 새벽

「꽃사랑」 김씨 아저씨
꽃 화분에 물 뿌리고
새벽마다 통유리를
말갛게 닦아낸다
빌딩 숲 사이로 솟는
맑은 해도 닦아낸다

잔 어둠 털고 가는
신문 배달 아이 손에
인쇄된 큼직한 글
「ㅇㅇ비리 수사 착수」
아무리 새벽을 닦아도
맑아지지 않는 세상

눈은

눈은
비처럼 바쁘지 않은가 보다
산자락을 비껴 날며
낮게
아주 낮게
허리가 아픈 이 지상을
어루만지며 내려온다

바랭이

여린 듯 질긴 풀대 마디마다 수염뿌리
낫으로 끊어내고 호미로 짓찧어도
밤이슬 한 모금이면
다시 사는
풀, 풀, 풀

밟히고 뽑혀져도 얽혀 설켜 어우러져
이랑을 뒤덮고도 밭두렁을 넘어 넘어
우리 땅 하나로 이을
겨레 같은
풀이여

수수밭

텃밭에 바람 일어
일렁대는 수숫대

하늘 너무 푸르른 날
고개 외려 숙이지만

수수밭
붉은 수수밭
피멍든 저 외침을

태풍경보

산 숲이 휘이
원귀처럼 우는 밤
하늘을 찢는 섬광
달려오는 소나기떼

한밤중 들녘
들녘으로
등이 굽은 사람들

벼들이 쓰러지고
내 열정처럼
무너지고
울분이 터지듯이
콸콸 터진 논둑들아

저 무논
왁자한 개구리
멀어지는 번개

천둥

키질하는 할머니

저녁 연기 스멀거리는 울타리 아래서
키질하는 할머니
사뭇 진지하다
키를 흔들어대고 옆구리를 치며 까부르는데
연신
쭉정이가 날린다
알곡도 덩달아 흔들리지만
이내 제자리에 내려서고
바람 한 줌에도 흩날리는
쭉정이 껍데기는
마침내 쓰레기더미로 버려진다
"아무리 치고 흔들어대도
제자리에 박혀있는 놈이 알곡이여"
할머니
알곡을 소복이 안고
부엌 안으로 들어간다

붉은 잎

가을 햇살을 등에 업은 바람이
스스스
단풍길을 지나간다

이제 때가 되었다고
누구도 말하지 않았지만
붉은 잎들은 저마다
내려가는 길을 알고 있듯
마른 몸을 흔들며 지상으로 내려온다

무릇 살아있는 것은 흔들린다
가장 길게 흔들리고서야
가장 깊은 시간 속에 들 수 있는 것이다

마지막 체온마저 내어놓은
붉은 잎
더 낮은 곳으로 몸을 뉘인다

낙엽도 밟히면 아프다

누구든 한때
희망이 없었던 적 있었느냐
누구든 한때
꽃답지 않은 적 있었느냐
누구든 한때
불타오르지 않은 적 있었느냐
떨어져 누운 것도 서러운 것을
밟지 마라
낙엽도 밟히면 아프다
아스락 바스락
살아온 날들 부서지는 것이다

바람이 불 때

바람이 불 때 나뭇잎은
비로소 살아있다는 의미를 가진다

여린 바람이 불 땐 가벼운 몸짓이다가
큰바람이 불 땐 눈부시게 반짝이며
자신의 내밀한 곳까지
스스로 드러내 보인다

보라
소리 내어 웃지 않아도
입술로 눈시울로 웃음을 보여주듯
잔가지 하나 흔들지 않고도
맑게 웃어주는 연록의 잎이여

큰바람 몰아칠 때
짙은 숲, 나무들 일제히 허리 숙이는 것을 보라
갈 길 바쁜 바람 어서 지나가라고
자신의 몸 낮추는 것을

갈대

들길 너울대며 달려오는 바람 맞아
그래 그래
이제 오냐고
반겨 안는 모습으로
늦가을
강 언덕에서
미소 짓는 어머니

얼음 강 건너오는 칼바람 맞설 때면
아니다
아니다며
저항의 몸짓으로
한겨울
질긴 나날을
하얀 울음 울으시네

진달래

한천(寒天) 시린 바람
지켜온 꽃망울이

수줍은 여인네로
산기슭에 숨었어도

아, 꽃샘
매서운 바람도 맞서
산화(山火)처럼 번지는 꽃

논갈이를 앞두고

뒤꼍에 솔바람이
달빛을 흔드는 밤
밤마다 들새되어 다랑논을 쪼아댈 때
논두렁
자꾸만 논두렁이
무너지고 있구나

대물림한 가난은
세월만큼 쌓이는데
설움도 분노도 긴 시름도 벗어버리고
보습에
붉게 슨 녹을
어둠 걷듯 긁어낸다

논을 갈며

새벽
둔덕길은
찔레향이 하얗다

간밤을 설치게 했던 하우스재배 사과 배 포도나무 공포감도 위기감도 자꾸만 무뎌지는 수입 농산품, 선대(先代) 긴 한숨 같은 들바람이 불어올 때 경운기 코를 잡고 힘껏 시동을 건다 눈부신 쟁깃날로 검은 땅 독초 잡초 깊이깊이 갈아엎어 남아있어 죄가 된 아픔도 설움도 갈아엎어 갈아엎어

지친 넋
켜켜이 일어서는
봉답마다 흙의 파도여

보습

막 풀린 언 땅에 붉은 녹 털고 서서
산기슭 자갈밭을 해종일 갈아댄다
자갈에 깎이고 부딪쳐
작아지는 이 아픔

거친 세월 흙바람 속 넘어지고 깨어지고
이랑 가르듯 길을 가는 그대 있다
마침내 버려져도 좋을
눈이 부신 작은 몸

써레질

낮게 깔린 흙바닥 숨차게 일어나라
높고 굵은 흙덩이는 부서져 낮은 곳으로
물 밑은 포화로 번진 연기보다 진한 흙탕

듬성듬성 꼿꼿이 선 잡풀들이 넘어간다
날카로운 써레발에 쓸려가는 검불 더미
온종일 따가운 햇살 높은 해가 넘어간다

땅거미 거뭇하게 산골짝을 내려설 때
개구리떼 쏟아지는 소리 아픈 삭신 주무른다
이윽고 숨결 고르는 무논 같은 세상이여

제3부

붉은 등대 1

—후포에서

길
끝난 곳에
붉은 등대 있었네

마음길
다한 곳에
어룽이는 그대,
그대

몰랐네
사랑하면서도
사랑인 줄 몰랐네

붉은 등대 2

—구룡포에서

몸살로
뒤척댄다
해미 짙은 난바다

애당초 길 없는
길
아득한 무적(霧笛)소리

있었네
천지간에 없는
그대
내 맘속에 있었네

붉은 등대 3

—울릉도 현포에서

누가 흔드는 것일까 일렁이는 파도
바다는 깊고 푸른데 네 흔적 찾을 길 없다

햇살이
내려앉은 자리마다
은비늘만 반짝이고

물뿐인 곳에선 물이 물이 아니듯
온통 네 생각뿐인 네 생각의 바다

그 또한
네 생각이 아니다
내 생각도 아니다

봉숭아

너는 진정코 나의 꽃이 아니어라
석 달 열흘 가문 날 뒤뜰에 핀 봉숭아
피다가
피다가 이내 시드는
가슴 시린 꽃이여

이 봄날

내 마음 한지처럼
달빛에 젖어들고
벚꽃나무 무성한 가지 긴 밤을 흔들었다

내 속 뜰
그대 그림자
무시로 어른대고

꽃무늬로 찍히던
붉은 상처 선연한데
잠시 뒤돌아보곤 이내 이울던 달빛

이 봄날
잿속 잉걸불을
다시금 꺼내본다

봄

네 눈길
닿기도 전
언 살이 풀리는 걸

네 눈길
닿았을 때
꿈틀대는 실핏줄들

아아아
네 눈길 타오른다
아지랑이 타오른다

그해 봄

마른 눈
새살이 올라
푸른 잎을 흔드는데

너는
지금 어디
아려오는 이 흔적

언덕길
아스라한 길
음계(音階)로 나는 새떼여

화첩

얼음장 금이 가는 햇살 수북한 늦겨울
화폭 변두리로 네 가슴 절룩인다
바람이 서성대는 강어귀
여울은 진종일 울고

무겁던 내 생애를 화첩 속에 내려두면
어느새 빈자리마다 네 물결 찰랑인다
까마득 먼 하늘 귀로
내 영혼 붉게 타고

가을 초입

아득한 벽공이거나 아스라한 절벽이거나
무거운 바람 걷고 길을 여는 잠자리 몇
허공에 밑줄을 쳐도
그대 얼굴 또렷해

어둠에 그려지는 무수한 동그라미
밤, 적막을 흔들며 벌레울음 무늬진다
내 생전 그려본 얼굴
저 울음보다 많으리

비원(悲願)

원코 원해도 내 사랑 비원이어라

적소인 마음 밭에 찬 달빛만 가득한데

사르고 또 살라내도 무너지는 단풍산아

그림자

가을 밤비소리 내 안에 떨어지면
온몸을 두드리는 현악기 고운 선율
긴긴날 떠나지 않는
불면의 그림자여

슬픈 강기슭에
모로 누워있었네

새가 되어 날아올라
들을 휘돌고 산을 넘어

마침내
다시 돌아온 자리
기다리는 아, 그림자

저녁 산길

낙엽 바스락거리는 저녁 산길을 걷다가
먼 곳 어두운 산 위에서 흐릿흐릿
저 홀로 깜박이는 저녁별을 본다
그 별은 오랜 나의 모습
혹은 오래된 그리움

삶은 늘 가까이서 우우우
거칠고 분주한 소리를 내고
사랑은 저렇듯 별처럼 깜박이기만 할 뿐
손에 잡히지 않는 것들에 대한 갈증으로
깊고 어두운 곳을 향하여
마른침을 밀어 넣는다

겨울 아침

눈 내리는 날, 아니면
눈이 내린 아침
키 작은 나무들이 줄지어 선 도로가에
하얗게 핀 눈꽃
서리가 오면 서리꽃
안개가 흐르면 안개꽃으로 피어나는
출근길 겨울 아침이면
기분 좋게 만나는 눈꽃, 어쩌면
눈꽃처럼 하얀 마음을 가진
그대를
자꾸만 그대를 만날 것 같은
이 겨울 아침

깊은 우물

오솔길을 걸었네
떡갈나무숲 어디선가 새 울음소리 들리고
울창한 가지 사이로 설핏 보이는 푸른 구름
숲을 지나는 바람이 옷깃을 마구 흔들었네
어디쯤일까
깊은 우물 하나 보이고
천년 이끼 낀 석문을 열고
나 그대와 우물을 향해 들어갔네
어디쯤일까 이곳
먹물을 칠한 듯 사위는 온통 어둠인데
우리 가슴에 밝힌 불빛으로도
마침내 어둠이 물러서고 따스한 기운 가득했네
나가야 하는데
그대와 나 뜨거운 실핏줄 얼기설기 엉켜
이젠 몸도 마음도 더 이상 말을 듣지 않아
나가야 하는데
나가야 하는데

오솔길

나의 오솔길에도 가을은 짙어지고
심상치 않은 바람 한 줄기
좁고 굽은 길 위를 스쳐지나갔다
언제나처럼 생각 하나
온통 머리를 친친 감고
바람은 다시 솔잎을 흔들었다
내 안엔
몸을 뒤척이며 반짝이는 수많은 잎과
피어야 할 꽃들이 망울을 돋우는데
나는 나를 잃고 그림자만 서성거렸다
스러졌던 구름이 다시 일어나고
숲 속을 굼틀거리던 바람도 다시 일어나는데
마른 잎이 수북한 오솔길,
우린 분명 둘이나
너는 있고 나는 없다

밤길

길을 걸었네
주위를 엷게 감싼 밤안개를 흩으며
적막한 길을 걸었네
그와 함께 걷고 있다는 거
멀리서 다가오는 초저녁 불빛처럼
행복하고 안온했네
어디를 가는 것일까
하얀 길을 굽이굽이 걷기만 할 뿐
밤새도 날지 않고
먼 산에 짐승 우는 소리도 들리지 않았네
천지가 숨죽이고 우리를 바라보고 있는 것일까
안개를 뚫고 다가오는 희미한 불빛의 자동차가
힐끗 쳐다볼 뿐 이내 무심히 지나쳤네
가끔 발에 차이는 밤이슬이
풀잎에 아플 뿐
너와 나
밤안개 속으로 묻혀지고 있었네
깊은 사랑이

묻혀지고 있었네

능소화

울밖에
고개만 내밀어도
붉어지는 얼굴

탄다
장작불이 타오른다한들
내 가슴만큼 타오르랴만

툭,
툭,
내려놓으리라
한여름 땡볕에 달구어진
젊은 날의 사랑

암연(暗然)

찬비에 젖었다고
다 추운 것은 아니다

거리를 헤매다가
햇살 한 줌 내려온 곳에 모여든
마른 나뭇잎

너희도 추운 거냐?
그래
햇살 아래서도 추운 적이 있었다

따스하게 웃어주던 네 앞에서도
자주
은사시나무잎처럼 몸을 떨곤 했다

철쭉꽃

봄바람 몹시 불던 날
바위산을 오른다
돌 틈 사이로 돋은 풀잎들 머리카락 흔들고
갈라진 바위틈에 뿌리 내린
등 굽은 소나무

층층 석벽, 천길 벼랑에서
붉게 웃음 짓는
너를 본다

위험하다

위험을 무릅쓰지 않고는
너의 손 잡을 수 없고
너의 향기 맡을 수 없다

가슴 졸이며 졸이며
바라만 보다가

문득
생
각
한
다
수로부인(水路夫人)과 그 노인(老人)을

향기

가을빛이 짙어진
굽은 산길을 걷다가
산기슭이며 바위틈에 환하게 핀
가을꽃을 만날 때

순간이면서
오래오래 이어지는
그 엷은 향기가
온통 내게로 다가오고
온통 네게로 다가가는

그런 착각은
자주 일어도 좋겠다

제4부

과원(果園)에서

꽃과 벌
밀애를 나누던 과원에
바람의 등에 업힌 시간들이
한 계절을 가로질러 갔다

한여름 폭풍우에
설익은 열매를 풀섶에 내려놓고
불볕더위 속에서도 나무들
짙푸른 손을 흔드는데
우리는
고목나무 밑동의 이끼처럼
낮게 낮게 웅크렸다

이제
우기에 젖은 눅눅한 마음을
가을 햇살에 말릴 때다
시푸른 하늘의 눈빛이 무엇을 말하는지
이제는 알아내야 할 때다

초승달

엷은 안개 흩어진 밤하늘과
캄캄한 산등이 만나는 곳
노란 실밥 하나 걸린 듯
초승달이 호젓하다

달의 허리를 삭둑삭둑 자르는
어둠을 날갯짓하던 밤새 두엇

문풍지 파르르 울던 임종의 시간
젊은 아버지의 마지막 숨결처럼
초승달
시나브로 여위어간다

시간

잃어버린 시간이 어둠 속에 갇혀있다
갇힌 시간이 가슴벽을 두드린다

아무도
알지 못하는
시간들이 울고 있다

바람 한 점 없는 토굴 어둠이 울고 있다
더 이상 뜨거움도 차가움도 없는 공간

잊혀진
시간을 찾아
햇살 한 줌 들고 있다

밤비

늦은 퇴근길
우기(雨氣) 묻은 바람은
연신 포장마차 비닐 차양을 흔들어댄다

어둠을 툭툭 털고
젖은 솜덩이 같은 중년 몇 둘러앉고
백열등 불빛 떨어진
술잔을 비운다
어제 같은 오늘
하루의 지친 일과를 마시고
짓눌린 자존을, 욕됨을 씹는다
저마다 가슴이 달구어지면
모진 세월을 토해낸다

돌아가는 길
돌아가야 할 길은 먼데
무너진 어깨로 후려치는 빗줄기
비 그친 골목길에

젖은 그림자 하나 걷고 있다

밤새

밤새 한 마리 봅니다
어둠을 헤치고 날아들어
겨드랑이며
가슴을 헤집는

달무리 진 하늘은
금방이라도 물기를 떨어뜨리려는 듯
온 천지는 무겁고
무거워서 오히려 긴장되는

그래서 떨리고도 하고
그래서 아프기도 합니다

날아든 어린 새의 부리 같은
꽃망울,
마침내 꽃잎처럼 떨어지는
퍼렇게 슬퍼지는, 밤새

퇴근길 1

초저녁 뒷산이
먹바위처럼 버티고 섰다

물먹은 두루마리 휴지처럼
흐느러진 중년 그림자
가로등마저 그 그림자를
줄였다 늘였다 구부렸다 하고
그는 그 그림자를
안기도 하고 잔인하게 밟아도 본다

"그래도 오늘 하루는 무사했어."
시멘트 골목담을 후려치고 지나는 찬바람
순간,
호주머니에 확인되는 이기(利己) 하나
흐려지는 눈빛
처자(妻子)를 생각한다

저녁 뒷산은 자꾸만 무겁고

퇴근길 2

안개인가, 뿌연 산등
노을도 없이 해가 진다

모두가 직선
트임 없는 공간들
정신은 컴퓨터에
육신은 콘크리트벽에 갇히고
지금은 긴 도로에 굴비로 엮여
또 다른 사각의 벽으로 향하는 시간

누가 뽑았느냐
내 마음 뒤뜰에 핀
국화, 장미, 코스모스……

유혹하는 붉은 불빛을 지나
골목담을 돌아서니
묘비(墓碑) 같은 전신주 사이를
나보다 먼저

싸늘한 달이 걷고 있었다

우울한 까닭

내가 요즘 우울해 있는 까닭은
떨어진 백목련이 봄비를 맞고 쓰러져 있어서가
아니다
꽃가지에 앉아 깃을 떠는
낯설고 조그마한 새 한 마리가
바람아 불지 마라, 꽃잎 다 떨어진다고
오래오래 슬피 울어서도 아니다

내가 지금 우울해 있는 까닭은
꽃잎이 채 다 떨어지기도 전
내게로부터 멀어진 네 마음을 알아서가
아니다
우물보다 깊고
모닥불보다 더 뜨거운 사랑을
미처 네게 전할 수 없어서는 더욱 아니다

두려움에 떠는
눈망울이 큰 아이들

피 흘려 쓰러진 아이를 안고 몸부림치는 여인들
지구 저편
모래 폭풍 몰아치는 벌판에 상처투성이
미아가 된 내가 있기 때문이다

봄 바다

봄 바다는 오늘도 술렁이고 있었다
고깃배 한 척 햇살 담아 먼 바다에 띄워놓고
목이 긴 바다새 몇 하늘에 올려놓고
바다는 하염없이 속울음을 울고 있었다

수평선은 칼날처럼 누워서
사랑하여 상처 난 가슴을 자꾸만 난도질한다
가슴을 쓸어내리며
그리움처럼 밀려오는 저 파도를
온 가슴으로 안아보려 하지만
파도는 언제나 멀리 떨어진 바위섬으로 달려가
하얗게 부서지며 안겼다

바위틈에 아무렇게나 누운
흰 손들이 버리고 간 빈 소주병에서
바람은 오래도록 울부짖고 있었다
헝클어진 머리칼을 쓸어 올려도
다시 달려와 흩어놓고 가는

오, 바람이여! 어질머리여!

가야 한다
어둠이 내리는 바닷가 모래벌판을 뒤로하고
저녁해가 남긴 자취를 따라가야 한다
슬픔이 배어있는 어두운 숲을 향하여

발자국

막 피어오른 실버들 가지 아래
등받이 나무의자들이 나란하다
쇼펜하우어와 만나던 책을 밀쳐두고
정구장 너머 교정으로 눈을 던지면
가늘게 실바람이 지날 때마다
벚꽃이 떨어진다
눈 위에 눈이 쌓이듯
벚꽃 위에 벚꽃이 쌓인다

길을 가는 발걸음소리, 어지럽게
내 가슴 위를 밟고 지나간다
오랜 날을 숱하게 찍혔을
저 길 위의 발자국
벚꽃 위에 벚꽃이 쌓이듯, 다시
눈 위에 눈이 쌓이듯
무수한 발자국, 발자국

마침내 가라앉는다

캄캄하게 깊숙이 무너져내린다

소유의 슬픔

나는 너만의 것이어야 한다
너는 나만의 것이어야 한다
너는 나만을 가져야 한다
나는 너만을 가져야 한다

숲이 한 마리의 새만을 품지 않듯
작은 새도 하나의 숲에 머물지 않는다
구름이 지나면 바람이 일고
바람이 일어나면 구름도 길을 떠난다

나는 너를 놓아주어야 한다
나의 형틀에 갇힌 새여
너의 형틀에 갇힌 나 또한 놓아다오

바람이 싸늘한 서러운 저녁이면
가슴이 차가운 사내 앞에서
비명 같은 울음을 우는 여인이
있다

떠나려는 여인의 옷자락을 잡고
산사태 같은 눈물을 흘리는 사내
있다

어머니, 그리고 기다림

긴 햇살을 사려 넘긴 저녁 뒷산이
아버지처럼 성큼성큼 마을을 내려서고
오늘도 막버스는 동구 밖을 지나친다
대문 곁을 지키고 선
오래된 감나무 가지 사이로
성긴 눈발 같은 인기척이 어른거리면
어머니 돋움 발로
대문 밖 어둠을 오래도록 바라본다
어머니, 누구를 기다려요?
그냥 엷게 웃음 짓는 어머니
시든 박꽃이 바람결에 떨어진다

유년 겨울

어머니, 꿈을 꾸듯 갈대밭으로 간다
후르르 여기저기 들새들이 날아오르고
어머니는 갈대밭을 태우고 갈대밭은 어머니를 삼킨다
화르르 타오르던 불길은 어느새 꺼지고
한 줄기 연기는 들새보다 멀리 날아가
산허리로 푸른 띠를 두른다

초상집에서 새나오는 울음이
겨울바람으로 우우우 불어와
부엌문을 연신 쿵쾅거리며 여닫는다

무서운 짐승이 싸늘한 별빛을 밟고
조용히 마을을 내려서는 밤
밤늦게 무를 깎아 먹고 아린 배를 쓸어내리며
일렁이는 호롱불 아래서 불장난에 지친
무서움을 잃은 아이는
밤새 오줌 누는 꿈을 꾸었다

정물화

—절텃골

절텃골 산허리 돌아들면
사래 긴 비탈밭 언저리
오래된 소나무 등걸처럼 등 굽은 여인이 있다

봄 햇살 따가운 오후
산그림자 반쯤 내려온 비탈밭
고춧대 세우는 여인의 얼굴이 쪼글쪼글 검다
철쭉꽃, 산벚꽃 흐드러진 기슭마다
찔레향이 은하처럼 흐르는데
푸드덕 산꿩이 날면 골짝을 흔드는 뻐꾸기소리

여인의 머릿속을 연신 드나드는 생각
묵어서 닳고 닳은 아득히 살아온 날들
일찍이 이승을 버린 무정한 양반
대처로 떠나 소식 없는 자식놈들

절텃골 산허리 돌아들면
사래 긴 고추밭머리

소나무 등걸처럼 등 굽은 여인이 있다
어머니

새벽, 산마을

복(伏)날 다 지난 늦여름 이른 새벽
밤새 산안개가 하얗게 깔린 마을
마을은
늘 말이 없다.
수묵화 한 폭처럼

저공(低空)을 나는 들새 어둠을 흩어내면
두엄 짐 지고 가는 저 들녘 늙은 농부
컹, 컹, 컹
골짝을 울리던
소리 한 점 없는 날

눈

마당 한 가득
눈이 내려 쌓입니다
순수 그
태초의 모습
발자국 차마 놓지 못해
처마 밑 봉당에 서서
하늘로
하늘로
오릅니다

묵은 옷가지

「그냥 두기엔 짐이 되고
버리기엔 아까운 것」

가야 한다

빨래 되고 다림질되어
그대
따스한 체온, 다시
느끼고 싶어
오래오래 함께이고 싶어

길의 끝

나뭇가지가 뻗어나가듯
길이란 길은 가지에 가지를 치고
포도송이 같은 마을과 마을
집과 집을 매달았다

길이 끝난 곳에
절망의 시간들이 누워있고
길이 끝난 곳에
시원(始原)의 첫울음이 있다

길의 끝은
고통도 어둠도 아닌
바람 없는 적요의 시간
풀섶에 우는 벌레소리에서
길은 다시 열린다

낯익은 계절

강물 흐르는 듯
거리거리 사람들 속
낯익은 계절들이 웅성대며 걸어간다

지금, 나
어느 강기슭에
떠밀리고 있는가

소리

솔바람
솨아 솨아
물길 하늘길 열고

대금소리 솔향 따라
내
가슴 적시는데

물소리 산새소리는
뉘
영혼에 가 닿을까

해설

새벽길을 나서는 붉은 발자국

양문규(시인)

유재호 시인의 첫 시집 『붉은 발자국』을 읽는 감회가 남다르다. 대학선배인 그를 만날 때마다 시집 내기를 권유했기 때문이다. 등단한 지 10여 년이 넘도록 시집 한 권이 없어서야 어찌 시인이라 할 수 있겠느냐고 지탄도 했다. 그리고 시집을 묶어야만 시가 앞으로 더 나아갈 수 있다는 말도 빼놓지 않았다.

물론 평생 한 권의 시집, 아니 한 편의 시로 세상을 감동시킬 수만 있다면 얼마나 좋으랴. 어쩌면 자신만을 감동시킬 수 있는 시 한 편, 시집 한 권 갖는 것도 큰 행운일 것이다. 그러나 시를 쓰는 한 사람으로 그런 결과를 얻기란 여간 어려운 것이 아님을 나도 알고 그도 잘 알 터이다.

그러나 그는 내 권유도 아랑곳없이 결코 서두르지 않고 욕심을 부리지도 않았다. 너른 들을 지닌 그의 고향이자

삶터인 상주, 그리고 동인활동을 하고 있는 〈들문학회〉의 품새를 닮아서일까. 하이데거가 "글을 읽든 홀로 사색을 하든 사유하는 자는 항상 들판을 통과하면서 이어지는 좁은 길 위를 걸었다. 아침 일찍 풀을 베러 가는 농부의 발걸음에 가까이 있었던 것처럼, 들길은 사유하는 자의 발걸음에 항상 가까이 있었다."고 하며 자신의 사상이 들길에서 태어나고 자랐으며 세계 전체가 들길에서 가장 환하게 드러난다고 보듯 그는 그렇게 느릿느릿 또 묵묵히 자신의 시편을 일구었으리라.

우물에 잠겼던 지친 별 어둠 속으로 사라진다

이른 새벽 마른기침 소리가 마루 밑에 웅크린 어둠을 몰아낸다 녹슨 청동빛 시간들을 지탱해주던 희망과 절망을 지고 드나들었던 낡은 대문으로 조각난 아스피린 같은 새벽 달빛이 하얗게 내려왔다 누에처럼 실을 뽑아내던 밤벌레 울음을 풀숲에 내려놓는 시간 젖은 꿈을 지게에 지고 새벽 들길 나서는

아버지,
실루엣 한 장
미명 속을 걸어간다

—「아버지의 새벽」 전문

유재호 시인의 시편들은 절제된 언어들로 명징하다. 절제된 언어의 출발은 시조의 형식미에 기인한다. 그러나 그의 시는 기존의 시조처럼 자연을 관조하거나 즐기는 데 있지 않다. 오히려 그의 시는 시대의 아픔을 함께하며 현실을 타개하고자 하는 자연으로써의 들을 찾아간다.

우리 시대 아버지는 고난의 상징이다. 그것은 밥의 문제를 해결하기 위한 고난일 수 있지만 그보다는 시대적 삶의 질곡을 넘어야 하는 고난을 수반한다. "마른기침, 어둠, 절망, 낡은 대문, 아스피린, 밤벌레 울음, 젖은 꿈, 실루엣" 등의 표상은 바로 이 시의 주조를 이루는 것으로 시대의 고난을 객관화시킨다. 그것은 시대의 아픔을 넘어 "새벽 들길 나서는" 동력이다. 따라서 미혹의 세계에서 각성의 세계로 나아가는 단초를 제공한다. "어두운 골목길을/머리가 희끗희끗한/한 사내가 걷고 있는"(「아버지」) 연유이기도 하다.

2000년대 초반, 구미의 정선호 시인으로부터 상주에서 경북작가회의 모임이 있다는 연락을 받고 상주를 찾았다. 서울생활 때 알고 자주 만났던 포항의 이대환 소설가, 안동의 안상학 시인 등이 자리하고 있었다. 그때 상주의 시인들과 인사를 나누었던 기억이 있다.

지역에서 올곧은 문학정신을 높이 세우며 활동을 하는 건 무척 힘든 일이다. 그 속에는 지역 문학의 소중한 정신, 등단 여부와 상관없이 치열하게 문학을 일구는 것만으로도 매우 소중하다는 생각을 거듭 일깨우기도 한다. 그러나 문학이 문학다울 수 있는 것은 삶에 대한 진지한 성찰과 시대의 진실을 규명하는 작업으로 지역의 연대를 넘은 확장된 세계를 창출하는 것 또한 간과할 수 없다. 우리가 사는 삶이 나와 지역의 테두리 안에서만 이루어지는 게 아니기 때문이다.

새벽
둔덕길은
찔레향이 하얗다

간밤을 설치게 했던 하우스재배 사과 배 포도나무 공포감도 위기감도 자꾸만 무뎌지는 수입 농산품, 선대(先代) 긴 한숨 같은 들바람이 불어올 때 경운기 코를 잡고 힘껏 시동을 건다 눈부신 쟁깃날로 검은 땅 독초 잡초 깊이깊이 갈아엎어 남아있어 죄가 된 아픔도 설움도 갈아엎어 갈아엎어

지친 넋

켜켜이 일어서는
봉답마다 흙의 파도여

—「논을 갈며」 전문

유재호 시인의 시 전편에 흐르는 주조는 지역 정서를 기반으로 자연에 주목한다. 그리고 그것들은 그가 견지하는 시대상의 바탕 위에 직조된 사랑이 돈독하다. "새벽/둔덕길은/찔레향이 하얗"게 빛나지만 농사는 여의치 않다. 넓은 들판의 갖가지 농사가 수입 농산물 때문에 발걸음이 무겁다. 그러나 어쩌랴. 밥의 근간인 농사를 버릴 수는 없지 않은가. 그래서 넘어지고 쓰러지면서도 "쟁깃날로 검은 땅 독초 잡초 깊이깊이 갈아엎"고, "아픔도 설움도 갈아엎어 갈아엎"는 것이 아닌가. 그리하여 삶은 오늘도 "봉답마다 흙의 파도"를 이룬다. 그리고 "거친 세월 흙바람 속 넘어지고 깨어지고/이랑 가르듯 길을 가는 그대"(「보습」) "낮게 깔린 흙바닥 숨차게 일어나라"(「써레질」) 고 강변하는 것이다.

유재호 시인은 풀 한 포기, 흙 한 줌 헛되이 바라보지 않고 제 살붙이인 양 끌어안는다. 시인의 생래적 본질에서 비롯되는 것이겠지만 사뭇 실제적이고 구체적이어서 자연과 쉽게 동화를 이룬다.

진달래꽃을 스치면 진달래꽃이 되고
후박나무잎을 만나면 후박나무잎이 된다
사막 언덕을 넘을 때면 거대한 모래산이 되고
드넓은 바다를 건널 때면 거친 파도가 된다

보이지 않아도 가장 먼저 자신을 알리고
허공을 날 때면 없는 듯 있다

검고 긴 머리칼을 만나면 여인이 되고
단단한 이마를 스치면 남자가 된다
무엇을 만나면 그 무엇이 되고
그 어디를 스치면 그 어디가 되는 바람

바람은
내 안에 스미어
또 다른 나를 만든다

—「바람」 전문

자연의 가장 큰 특장 가운데 하나는 서로를 위무하며 한 몸을 이루는 데 있다. 천체를 이루는 바람은 자연의 동화를 이루는 제일적인 요소이다. 따라서 "진달래꽃을 스치면 진달래꽃이 되고/후박나무잎을 만나면 후박나무잎이 된다

/사막 언덕을 넘을 때면 거대한 모래산이 되고/드넓은 바다를 건널 때면 거친 파도가" 되는 게 아닌가. 자연이 그러하듯 사람 또한 자연의 순리를 따라 살아가길 시인은 소망한다. 그리하여 "검고 긴 머리칼을 만나면 여인이 되고/단단한 이마를 스치면 남자가 된다"고 한다. 천체 바람을 통해 시인은 자연과 자연의 깊은 유대를 통해 "또 다른 나를" 찾아 나서는 것이다.

유재호의 시편에서 자연의 동화를 찾기란 그리 어려운 일이 아니다. 그가 나고 자라 살림을 이루는 곳이 꼭 상주여서만은 아니다. 그는 "시푸른 하늘의 눈빛이 무엇을 말하는지"(「과원(果園)에서」), "가난한 마음 자락/빈 가지에 펄럭"일 때 "벗어라/헛껍데기 벗어라/바람이 자꾸 볼을 치"(「꽃샘바람」)는 연유를 잘 알고 있다. 문학을 이루는 정신이 곧 자연과 생명, 그리고 평화의 가치를 최우선으로 삼고 있음을 잘 알기 때문이다.

> 나는 너만의 것이어야 한다
> 너는 나만의 것이어야 한다
> 너는 나만을 가져야 한다
> 나는 너만을 가져야 한다
>
> 숲이 한 마리의 새만을 품지 않듯

작은 새도 하나의 숲에 머물지 않는다
구름이 지나면 바람이 일고
바람이 일어나면 구름도 길을 떠난다

나는 너를 놓아주어야 한다
나의 형틀에 갇힌 새여
너의 형틀에 갇힌 나 또한 놓아다오

—「소유의 슬픔」 부분

우리가 살고 있는 시대는 자본만이 최고의 가치로 여겨진다. 자연이 자연으로 존재하는 게 아니라 자본을 이루는 부의 수단으로 치부된 지 오래다. 인간의 욕망이 만들어낸 자연의 거대 자본화, 유재호 시인은 소유의 슬픔을 누구보다 잘 알고 있는 듯하다. 비록 남녀의 사랑을 비유적으로 드러내고 있지만 "나는 너만의 것이어야 한다/너는 나만의 것이어야 한다/너는 나만을 가져야 한다/나는 너만을 가져야 한다"는 극단의 사랑은 진정한 사랑이 아니다. 타자를 인정하고 수용하지 못하는 사랑을 어찌 사랑이라 할 수 있는가.

국민의 여론을 무시한 채 강행된 4대강사업도 마찬가지다. 누구를 위한 국책사업인가. 자연의 고귀한 생명을 다 죽이고, 무엇을 명분으로 자연을 이야기할 수 있는가. 낙

동강은 4대강사업 이전의 넓은 백사장은 온데간데없을 뿐만 아니라 그 흔한 수양버들 하나 보이지 않는 죽음의 강이 되었다. 사람이 찾지 않는 공원 시설물과 자전거도로만 썰렁하게 놓인 강을 우리 어찌 강이라 부를 수 있겠는가. 거대한 콘크리트 장벽에 가로막혀 썩은 강물을 바라보며 삶은 무엇인가, 왜 사는가, 무엇으로 밥을 먹는가 등을 궁구하며 반자연적인 인간을 탓할 뿐이다.

내 마음 한지처럼
달빛에 젖어들고
벚꽃나무 무성한 가지 긴 밤을 흔들었다

내 속 뜰
그대 그림자
무시로 어른대고

꽃무늬로 찍히던
붉은 상처 선연한데
잠시 뒤돌아보곤 이내 이울던 달빛

이 봄날
잿속 잉걸불을

다시금 꺼내본다

—「이 봄날」 전문

"붉은 상처가 선연"한 하수상한 시절이다. "잿속 잉걸불을/다시금 꺼내"야 하는 추운 세상, "두려움에 떠는/눈망울이 큰 아이들/피 흘려 쓰러진 아이를 안고 몸부림치는 여인들/지구 저편/모래 폭풍 몰아치는 벌판에 상처투성이/미아가 된 내가 있"(「우울한 까닭」)고 우리가 있다.

상주를 찾을 때마다 유재호 시인을 만날 수 있어 좋다. 그는 한결같이 넉넉한 품새와 그윽한 깊이로 시 쟁기질을 하고 있다. "무릇 살아있는 것은 흔들린다". "더 낮은 곳"(「붉은 잎」)을 향하여 걷는 그의 걸음이 더도 말고 덜도 말고 상주의 들녘처럼 풍요로운 가을이기를 소망한다. "저 길 위의 발자국/벚꽃 위에 벚꽃이 쌓이듯, 다시/눈 위에 눈이 쌓이듯/무수한 발자국, 발자국"(「발자국」) 찍고, 있는 그대로 들려주는 자연의 소리에 귀 기울이며 그와 함께 거닐고 싶다. 그 길은 우리 아버지가 푸른 들판을 일구기 위해 새벽길을 나서는 발걸음이기도 하지만 시인이 자연과 인간의 원초적 삶을 이루기 위해 생명의 소리를 찾아 나서는 뜨거운 발자국이다. 그 한가운데 유재호 시인이 있다.

가을 햇살을 등에 업은 바람이

스스스

단풍길을 지나간다

이제 때가 되었다고

누구도 말하지 않았지만

붉은 잎들은 저마다

내려가는 길을 알고 있듯

마른 몸을 흔들며 지상으로 내려온다

무릇 살아있는 것은 흔들린다

가장 길게 흔들리고서야

가장 깊은 시간 속에 들 수 있는 것이다

마지막 체온마저 내어놓은

붉은 잎

더 낮은 곳으로 몸을 뉘인다

—「붉은 잎」 전문

시인의 말

바람은 형체도 냄새도 없지만 바람이 불 때 나뭇잎이며 풀잎은 비로소 살아있다는 의미를 가진다. 내게 있어 시(詩)란 바람과 같은 것이다. 유형이든 무형이든 그 모든 것은 시화(詩化)되었을 때 생명을 얻게 된다.

지난여름 폭염에 지친 바람은 말을 잃고 자취마저 감췄다. 이제 단풍나무숲에 숨은 바람의 붉은 심장을 찾으러 나서야 할 때다. 스러져 누운 풀들을 일으키며.

2013년 9월 봉강산방에서

유재호

붉은 발자국

2013년 10월 7일 초판 1쇄 찍음
2013년 10월 10일 초판 1쇄 펴냄

지은이 _ 유재호
펴낸이 _ 양문규
펴낸곳 _ 詩와에세이

신고번호 _ 제319-2005-000014호
주소 _ (120-865) 서울시 서대문구 북아현동 1-495 2층
대표전화 _ (02)324-7653, 070-8877-7653
팩시밀리 _ 0505-116-7653
휴대전화 _ 010-5355-7565
전자우편 _ sie2005@naver.com
공 급 처 _ 한국출판협동조합
주문전화 _ (070)7119-1741~2
팩시밀리 _ (031)944-8234~6

ISBN 978-89-92470-86-5 03810

* 책값은 뒤표지에 표시되어 있습니다.